Hoffen und Handeln

18 Farbpostkarten mit Bibelworten

Mit einem Vorwort
von Jutta Metz

Groh Fotokunst Verlag
Wörthsee bei München

ISBN 3-89008-824-4
© 2001 Groh Fotokunst Verlag GmbH & Co. KG
Wörthsee bei München • www.groh.de

*Wir haben unsere Hoffnung
auf den lebendigen Gott gesetzt.*
1. Timotheus 4, 10

Hoffnung ist lebenswichtig. Sie ist das große Heilmittel gegen die Resignation. Aber haben wir überhaupt Grund zur Hoffnung? Manchmal geht es uns wie dem Fischer Simon (später wird er Petrus, der „Fels" heißen). In den Evangelien wird berichtet, wie er nach einem vergeblichen nächtlichen Fischzug seine Netze wäscht. Er ist müde und erwartet sich zumindest für diesen Tag nichts mehr. Da steigt Jesus in sein Boot, spricht von dort aus zu den Menschen am Ufer und fordert ihn schließlich auf, hinauszufahren und zu fischen. Simon versteht ganz offensichtlich nicht, wozu das gut sein soll. Dieses Gefühl kennen wir. Aber Simon will sich Jesus nicht widersetzen oder hat doch ein klein wenig Hoffnung geschöpft. Jedenfalls handelt er: „Herr, weil du es sagst, will ich die Netze noch einmal auswerfen."

Nur die Hoffnung gibt uns die Kraft, auch zu handeln. Denn auf allem, was wir im Vertrauen auf Gott mit unserem ganzen Einsatz tun, liegt Gottes Segen. Das Vertrauen des Petrus, dass sein Handeln doch Sinn hat, wird durch den reichen Fischzug belohnt. Lassen wir uns überraschen, was unser Handeln mit Gottes Hilfe bewirken kann!

*Tun wir, was wir können,
so wird Gott uns schenken,
dass wir jeden Tag mehr vermögen.*
Teresa von Avila

Sende dein Licht
und deine Wahrheit,
dass sie mich leiten.

Psalm 43,3

Aus dem Postkartenbuch
Hoffen und Handeln
Foto: Hans J. Rüger

Groh Fotokunst Verlag • www.groh.de

Wer seinen Nächsten liebt, der lebt im Licht.

1. Johannesbrief 2,10

Aus dem Postkartenbuch
Hoffen und Handeln
Foto: Peter Hötte

Groh Fotokunst Verlag • www.groh.de

Jesus Christus spricht:
Hier ist eine reiche Ernte
einzubringen, aber es gibt
nicht genügend Arbeiter.

Matthäus 9, 37

Aus dem Postkartenbuch
Hoffen und Handeln
Foto: Color-Dia Rauch

Groh Fotokunst Verlag • www.groh.de

Aus dem Postkartenbuch
Hoffen und Handeln
Foto: Color-Dia Rauch

Groh Fotokunst Verlag • www.groh.de

Aus dem Postkartenbuch
Hoffen und Handeln
Foto: Jürgen Pfeiffer

Groh Fotokunst Verlag • www.groh.de

Jesus Christus spricht:
Ich bin der Weinstock, ihr seid die Reben.
Wer in mir bleibt und ich in ihm,
der bringt viel Frucht.

Johannes 15, 5

Aus dem Postkartenbuch
Hoffen und Handeln
Foto: Robert Bruckner

Groh Fotokunst Verlag • www.groh.de

Lasst Jesus Christus, den Herrn,
euer ganzes Handeln bestimmen!

Römer 13, 14

Aus dem Postkartenbuch
Hoffen und Handeln
Foto: Hans P. Merten

Groh Fotokunst Verlag • www.groh.de

Aus dem Postkartenbuch
Hoffen und Handeln
Foto: Bernhard Decker

Groh Fotokunst Verlag • www.groh.de

Sei tapfer und entschlossen! Lass dich durch nichts erschrecken und verliere nie den Mut; denn ich, der Herr, dein Gott, bin bei dir, wohin du auch gehst!

Josua 1,9

Aus dem Postkartenbuch
Hoffen und Handeln
Foto: Rainer Wolff

Groh Fotokunst Verlag • www.groh.de

Herr, dein Wort ist eine Leuchte für mein Leben, es gibt mir Licht für jeden nächsten Schritt.

Psalm 119, 105

Aus dem Postkartenbuch
Hoffen und Handeln
Foto: Hans P. Merten

Groh Fotokunst Verlag • www.groh.de

Seid fröhlich in der Hoffnung, geduldig in der Bedrängnis, beharrlich im Gebet!

Römer 12, 12

Aus dem Postkartenbuch
Hoffen und Handeln
Foto: Hans P. Merten

Groh Fotokunst Verlag • www.groh.de

Herr, nicht im Vertrauen
auf unsere guten Taten legen wir dir
unsere Bitten vor, sondern im Vertrauen
auf dein großes Erbarmen.

Daniel 9, 18

Aus dem Postkartenbuch
Hoffen und Handeln
Foto: Hubertus J. Eder

Groh Fotokunst Verlag • www.groh.de

Lasst uns wahrhaftig sein in der Liebe und wachsen in allen Stücken zu dem hin, der das Haupt ist, Christus.

Epheser 4, 15

Aus dem Postkartenbuch
Hoffen und Handeln
Foto: Photo-Center Greiner+Meyer

Groh Fotokunst Verlag • www.groh.de

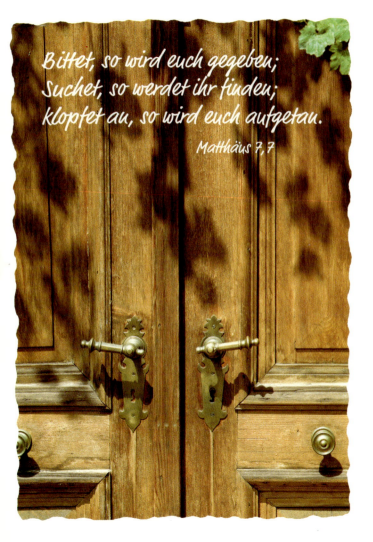

Aus dem Postkartenbuch
Hoffen und Handeln
Foto: Robert Bruckner

Groh Fotokunst Verlag • www.groh.de

Was Gott verheißt, das kann er auch tun.

Römer 4, 21

Aus dem Postkartenbuch
Hoffen und Handeln
Foto: Werner Weigl

Groh Fotokunst Verlag • www.groh.de

Herr, lass unsere Mühe nicht vergeblich sein! Ja, lass unsere Arbeit Früchte tragen!

Psalm 90,17

Aus dem Postkartenbuch
Hoffen und Handeln
Foto: Bildarchiv Titz

Groh Fotokunst Verlag • www.groh.de

Aus dem Postkartenbuch
Hoffen und Handeln
Foto: Marc Döser

Groh Fotokunst Verlag • www.groh.de

Ist jemand in Christus,
so ist er eine neue Kreatur;
das Alte ist vergangen, siehe,
Neues ist geworden.

2. Korintherbrief 5, 17

Aus dem Postkartenbuch
Hoffen und Handeln
Foto: Robert Bruckner

Groh Fotokunst Verlag • www.groh.de